PANÉGYRIQUE

DU BIENHEUREUX

JEAN-BAPTISTE DE LA SALLE

FONDATEUR DE L'INSTITUT

DES FRÈRES DES ÉCOLES CHRÉTIENNES

PRONONCÉ DANS L'ÉGLISE SAINT-EUVERTE

LE 25 JUIN 1888

PAR

M. L'ABBÉ L. LAROCHE

VICAIRE GÉNÉRAL D'ORLÉANS

ORLÉANS

H. HERLUISON, LIBRAIRE-ÉDITEUR

17, RUE JEANNE-D'ARC, 17

—

1888

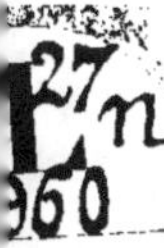

PANÉGYRIQUE

DU BIENHEUREUX

JEAN-BAPTISTE DE LA SALLE

IMP. GEORGES JACOB, — ORLÉANS.

PANÉGYRIQUE

DU BIENHEUREUX

JEAN-BAPTISTE DE LA SALLE

FONDATEUR DE L'INSTITUT

DES FRÈRES DES ÉCOLES CHRÉTIENNES

PRONONCÉ DANS L'ÉGLISE SAINT-EUVERTE

Le 25 Juin 1888

PAR

M. L'ABBÉ L. LAROCHE

VICAIRE GÉNÉRAL D'ORLÉANS

ORLÉANS

H. HERLUISON, LIBRAIRE-ÉDITEUR

17, RUE JEANNE-D'ARC, 17

—

1888

PANÉGYRIQUE

DU BIENHEUREUX

JEAN-BAPTISTE DE LA SALLE

Qui ad justitiam erudiunt multos, fulge-
bunt quasi stellæ in perpetuas æternitates.
« Ceux qui enseignent à plusieurs les voies
de la justice brilleront comme des étoiles durant l'éternité. »

(DANIEL, XII, 3.)

MESSEIGNEURS (1),
MES FRÈRES,

Les saints sont les chefs-d'œuvre de Dieu, et leur beauté
est telle qu'à côté toute autre beauté pâlit. Il en est pourtant
parmi eux dont la physionomie est, je ne dis pas plus belle,
mais plus imposante : ce sont les fondateurs d'ordres. Appelés
à manifester, sous des formes nouvelles, l'inépuisable fécon-
dité de l'Église, à bâtir, au milieu de ce torrent des siècles
dont les vagues mobiles et pressées emportent tout, des édi-
fices impérissables, il semble qu'ils ont reçu de Dieu des
dons plus grands que les autres hommes : des vues plus
profondes, des énergies plus victorieuses, et je ne sais quel

(1) S. G. Mgr COULLIÉ, Évêque d'Orléans.
    S. G. Mgr BOUGAUD, Évêque de Laval.

charme qui fait que, dès qu'ils apparaissent, les âmes vont à eux comme si, depuis longtemps, elles les attendaient. Les uns, pour expier les péchés du monde, fuient dans la solitude, et, victimes volontaires, font de leur vie un holocauste à la justice de Dieu ; les autres, voyant la vérité outragée, lui préparent, dans l'étude et dans la prière, des champions et des vengeurs ; d'autres, pour reculer les frontières du royaume du Christ, parcourent le monde, et entraînent à leur suite des légions de disciples enflammés comme eux des ardeurs conquérantes de l'apostolat ; d'autres enfin, apercevant l'humanité avec ses misères, ses plaies, les larmes qui ruissellent de ses yeux, sont pris d'une immense pitié pour elle, et ils lui envoient dans ses mansardes, dans ses hôpitaux, dans ses bagnes, partout où elle souffre, des anges consolateurs.

Grands hommes s'il en fut jamais, ils dominent leur siècle ; et, soit par leurs vertus privées, soit par les familles religieuses qu'ils suscitent et pénètrent de leur esprit, ils exercent sur la vie des peuples une influence immense ; en sorte qu'on peut dire qu'ils sont ici-bas les plus puissants auxiliaires de Dieu et les plus grands bienfaiteurs des hommes.

J'ai, mes Frères, à vous parler aujourd'hui de l'un de ces hommes extraordinaires. Il a fondé ici-bas une des œuvres les plus modestes en apparence, les plus sublimes en réalité. Son histoire n'est guère que l'histoire de ses souffrances, et j'avais d'abord songé, pour tout partage de ce discours, à vous montrer, d'un côté, une existence brisée, de l'autre, une œuvre immortelle. Mais l'humiliation et la gloire, le sacrifice de l'homme et le succès de l'œuvre, sont liés dans la vie du Bienheureux de la Salle d'une façon si intime et s'entrelacent si divinement, que je n'ai pas voulu les séparer même par la parole. Aussi ne ferai-je que suivre leur développement parallèle, et vous montrer quelles vertus et quels sacrifices ont marqué l'origine de l'œuvre et en ont provoqué l'épanouissement.

Monseigneur, il y a quelques mois, vous assistiez, à Rome, à une fête triomphale. Les cloches de Saint-Pierre jetaient aux échos des sept collines et semblaient envoyer au monde entier leurs notes joyeuses. Dans une salle étincelante de lumières, des représentants des deux mondes, évêques, cardinaux, ambassadeurs, étaient rangés autour d'un autel. Sur cet autel étaient les restes d'un humble prêtre français. Le Pontife suprême abaissait devant lui la majesté de son sacerdoce et lui offrait le premier hommage de l'Église. Quand il eut longtemps prié, Léon XIII se releva, et, se tournant vers vous et vers les autres évêques : « Messeigneurs, vous dit-il, voilà un beau jour pour la France. » Il avait raison. C'était un beau jour, c'était, après tant de jours sombres, un jour radieux que celui où la France voyait ainsi couronner par la main de l'Église un de ses plus glorieux enfants. Aussi l'émotion la saisit : les cloches de Rouen, de Reims, de Bordeaux, de Toulouse, de Paris, firent écho à celles de Rome ; les foules se précipitèrent dans les sanctuaires et s'agenouillèrent à leur tour devant l'humble prêtre qui avait, il y a deux siècles, préparé des maîtres à leurs enfants. L'éloquence, la poésie, la religion, lui offrirent à l'envi leurs hommages. Vous venez, mes Frères, lui apporter les vôtres aujourd'hui, et il semble que la Providence n'ait ramené près de notre cher Évêque son illustre frère de Laval que pour qu'Orléans fût ici tout entier et avec tout son cœur. C'était juste. Depuis plus d'un siècle, les fils du Bienheureux forment les vôtres ; lui-même, il y a cinquante ans, est apparu dans vos murs à une humble fille, et a préparé, par un éclatant miracle, son triomphe d'aujourd'hui.

O Bienheureux, vous êtes donc bien chez vous ici. Vous y trouvez des âmes qui vous connaissent et qui s'ouvrent joyeusement à l'admiration, à la reconnaissance et à l'amour. Seulement il faudrait d'autres lèvres pour vous louer. Puisque cet honneur était réservé aux miennes, inspirez-leur des paroles ardentes et contenues, libres et réservées. *Ave Maria.*

I

L'enfant, mes Frères, a sur son front tous les charmes. Placé entre un passé dont il est l'héritier et un avenir dont il est l'espérance, il concentre en lui toutes les sollicitudes de l'Église et de la Patrie. Mais si tout enfant est digne d'intérêt, combien plus l'enfant du peuple ; combien plus cet enfant dont le père est tout le jour à la glèbe ou à l'atelier, dont la mère elle-même, arrachée peut-être à son foyer par la misère, n'est pas là pour l'égayer de son sourire et lui prodiguer ces soins délicats dont il a besoin plus encore que de pain ; combien plus cet enfant que le travail va saisir dès l'âge de douze ou treize ans et mener, pour ainsi dire, haletant et de fatigue en fatigue, jusqu'au tombeau ! Aussi l'Église a-t-elle toujours eu pour lui des prédilections maternelles. Elle s'est souvenue que quand son Dieu s'était montré dans les vertes campagnes de la Galilée, ses premières bénédictions et ses premières paroles avaient été pour lui. Elle s'est souvenue que ses apôtres étaient allés d'abord, non pas dans les palais et les académies, mais dans les caves, dans les greniers, dans les prisons, dans les catacombes, donner au peuple leurs premières leçons. Aussi, dès qu'elle l'a pu, non seulement elle a offert, dans ses Universités, des maîtres illustres aux fils de grande famille, mais elle a ouvert, dans les villes à l'ombre de ses cathédrales, dans les campagnes à l'ombre des presbytères, des écoles aux enfants du peuple.

Ceux-là nous calomnient donc étrangement qui font de nous des partisans de l'ignorance. Loin d'y voir pour la foi et la moralité des classes populaires une garantie, l'Église y a toujours vu un péril : « *Ignorantia omnium origo malorum præsertim in eis qui fabrili operæ dediti sunt* (1). »

Il faut, cependant, l'avouer : malgré les efforts de l'Église, malgré les dévoûments de ses prêtres, jusqu'au XVIIe siècle, l'enseignement populaire n'est pas fortement organisé. Les méthodes sont imparfaites, les maitres, pour les petits garçons du moins, sont rares, et la charité des fidèles ne trouve pas un secours suffisant dans leur courte science et leurs dévoûments à gage.

Plus que jamais, pourtant, il importe que le peuple soit instruit.

L'imprimerie est découverte ; l'esprit humain, comme une terre vierge, se couvre, depuis deux siècles, de fleurs et de fruits au souffle fécondant du génie antique ; la curiosité intellectuelle est éveillée ; la pensée ouvre ses ailes ; la vérité, l'erreur, vont promener à travers le monde en deux larges courants, l'une ses eaux pures, l'autre ses eaux fangeuses, et les temps approchent où grands et petits voudront y boire.

Ajoutez qu'une révolution sociale et politique se prépare. Un siècle encore, et le sol va trembler ; les anciennes institutions vont tomber par terre ; les classes populaires vont arriver à la vie publique, ardentes, avides, surexcitées par la philosophie incrédule du XVIIIe siècle, pleines de vie, mais pleines aussi de rancunes, le cœur gonflé de colère, regardant l'horizon, et rêvant un avenir magnifique sur des débris.

Ah ! venir à ce peuple ; instruire ses enfants ; leur apprendre non pas seulement un peu d'écriture, d'orthographe et de calcul, mais ces vérités supérieures qui sont la règle, la force et la consolation de la vie ; discipliner leurs passions naissantes ; former leur conscience ; leur inspirer l'amour du devoir, l'énergie du sacrifice, l'habitude de l'obéissance et du travail, et, devant cette vie qui s'ouvre pour eux si sombre,

---

(1) Benoît XIII.

leur prêcher la résignation et la patience ; les entretenir d'une vie immortelle où Dieu leur réserve des récompenses et des dédommagements ; en un mot, les pénétrer des principes chrétiens, par eux atteindre leurs familles, et ainsi fortifier les liens moraux et religieux à la veille du jour où les autres allaient être rompus, ce n'était pas seulement une œuvre sublime, c'était une œuvre opportune s'il en fut jamais.

Mais, pour cette œuvre, il fallait des ouvriers.

Dieu me garde, mes Frères, de calomnier le dévoûment laïque. A Orléans surtout, ce serait une injustice et une ingratitude. Il y a dans le monde des instituteurs et des institutrices admirables que j'entoure de tout mon respect, je ne dis pas assez, de toute ma vénération ; il y a des instituteurs et des institutrices qui comprennent la sublimité de leur mission et qui la remplissent avec un désintéressement, un courage, un dévoûment, qui les honorent autant qu'ils glorifient Dieu. Le Bienheureux était si loin de redouter de tels maîtres qu'il tentera trois fois lui-même de les susciter et préludera ainsi à l'institution des écoles normales. Mais enfin, qui ne voit tout ce que l'esprit religieux ajoute aux qualités natives ? Qui ne voit que nulles mains ne sont mieux faites pour recevoir ces âmes d'enfants qui sortent à peine des eaux de leur baptême que des mains consacrées ? Et ne faut-il pas être aveuglé par les préjugés pour ne pas comprendre que des jeunes gens, que des jeunes filles, qui ont renoncé aux biens de ce monde, qui ont fait vœu de pauvreté, ont au cœur des dévoûments plus désintéressés et une sorte d'affinité divine avec ces pauvres dont ils ont par choix embrassé la condition ? Ne faut-il pas fermer les yeux pour ne pas voir que des cœurs vierges qui ont renoncé aux douces joies de la famille ont une plénitude, une délicatesse d'amour, que n'ont pas aussi facilement des cœurs partagés ; et qu'enfin, ces habitudes de piété que crée la vie religieuse sont, de tous les moyens, le plus efficace pour entretenir sans cesse en soi le dévoûment que l'éducation suppose ? Car ce n'est pas un dévoûment ordinaire, c'est un dévoûment incessant, sublime, qu'il faut pour s'intéresser à de petits enfants qui ne sont pas les vôtres, à de petits enfants mal vêtus, malpropres quelquefois ; pour supporter leur légèreté, leur insubordination, leurs caprices ; pour guider, pendant des semaines, des mois, leur main sur le papier ; pour balbutier, mille fois, les mêmes sons à leur oreille ; pour s'enfermer avec eux cinq ou six heures et plus par jour dans une atmosphère lourde et viciée ; pour rajeunir une ardeur qui s'alanguit par la monotonie et et la répétition même ; pour passer de ces enfants une fois formés à d'autres ; pour recommencer, chaque année, les mêmes fatigues et les mêmes sacrifices, et tourner, pendant trente, pendant quarante ans, dans leur cercle sans fin ; et on ne peut prétendre qu'il soit inutile, et, en tout cas, qu'il ne soit pas beau de préluder à de tels dévoûments par une grande immolation de soi-même et une consécration totale de sa vie à Dieu.

C'est là, mes Frères, ce que comprit le Bienheureux de la Salle. Il fut saisi par la généreuse pensée d'élever l'enfant du peuple, de l'élever gratuitement, de l'élever chrétiennement, de lui ouvrir des écoles, et, à la tête de ces écoles, de mettre des hommes consacrés à Dieu, en un mot de confier l'enfance et le malheur — ce qu'il y a de plus sacré en ce monde — à ces deux institutrices immortelles : la Religion et la Charité.

Comment Dieu l'avait-il préparé à cette mission, et comment s'y prépara-t-il lui-même ?

Ah ! mes Frères, que la Providence est ingénieuse et délicate, et qu'elle sait faire de sublimes rapprochements ! C'est au sein des classes aristocratiques qu'elle prend le futur éducateur des pauvres ; c'est parmi les docteurs qu'elle prend l'organisateur de l'enseignement primaire. Et, afin de montrer que la science et la religion sont sœurs, et que des lèvres consacrées pour prêcher les sublimités du dogme ne se déshonorent pas en enseignant à des enfants les éléments des lettres humaines, elle veut que cet instituteur du peuple soit prêtre, et prêtre accompli ; pour cela, elle le mène, jeune encore, à ce célèbre Séminaire de Saint-Sulpice où il semble que soit réalisé, autant qu'il peut l'être ici-bas, l'idéal du sacerdoce, et que Léon XIII proclamait lui-même une florissante école de science et de vertu. Et, afin que l'amour que peut inspirer l'Église pour le pauvre, pour le peuple, éclate dans toute sa beauté, elle accumule sur sa tête tous les honneurs : un grand nom, une grande fortune, une dignité enviée dans l'un des plus illustres Chapitres, et, un jour, elle lui demande de tout sacrifier.

Le Bienheureux ne découvrit pas d'abord dans toute sa largeur le dessein divin. Dieu ne leva que peu à peu le voile qui lui cachait l'avenir. Il lui fit voir d'abord les écoles gratuites de filles qni s'ouvraient de toutes parts ; il fit passer sous ses yeux, puis disparaître, comme d'imparfaites ébauches, les écoles gratuites de garçons qu'avait en vain tenté de fonder un éminent religieux (1). Il amena dans sa maison quelques jeunes hommes pour en renouveler l'essai. Le Bienheureux les vit de près à l'œuvre ; il reconnut les lacunes de leur enseignement, les lacunes de leur propre vie ; le sublime idéal se dégagea peu à peu à ses yeux, puis, tout à coup, comme un artiste de génie, qui a vu ses élèves promener sur le marbre une main hésitante et malhabile, soulevé par l'inspiration, prend le ciseau de leur main et réalise un chef-d'œuvre immortel, lui aussi il conçoit un enseignement plus large et plus fécond, et dans ceux qui le donnent, une vie plus parfaite, et il se décide à fonder l'un et l'autre. Le 24 juin 1682, il quitte la maison de ses ancêtres, devenue un berceau trop étroit pour sa nouvelle famille : il en loue une autre plus vaste, et il y entre avec ses disciples.

Alors, mes Frères, s'engagea dans son âme une de ces

(1) Le père Barré.

luttes terribles qui décident de la vie. Il lui sembla voir sur-
gir derrière lui son passé avec tous ses riants souvenirs : les
joies de son enfance ; les pures et ardentes affections de sa
jeunesse ; ces richesses qui avaient été l'instrument facile de
sa charité ; ces honneurs qui étaient venus le chercher d'eux-
mêmes à quinze ans : ces relations distinguées qui sont un
des charmes de l'existence ; ces confrères qui l'aimaient ; ces
frères, ces sœurs, dont il était l'aîné et qui n'avaient plus que
lui ; ses loisirs, sa liberté ; toutes ces douces choses dont le
magique tissu avait jusque-là enveloppé et réjoui sa vie... Et,
en face, l'abjection, la pauvreté ; une nourriture grossière ;
des travaux incessants ; une servitude continuelle ; une respon-
sabilité terrible ; l'étonnement de ses compatriotes ; l'opposi-
tion de ses confrères et de ses proches ; et, enfin, un redou-
table inconnu !... Il mesura toute l'étendue du sacrifice, il
en savoura d'avance toute l'amertume, et il l'accepta.

Il commence par renoncer à sa dignité et, avec elle, aux
revenus qu'elle lui assure. A peine a-t-il fait part de son projet,
qu'une véritable coalition se forme contre lui ; sa famille le
supplie de ne pas la déshonorer par un acte humiliant ; ses
confrères, ses amis, le pressent de s'arrêter dans une voie où
il ne rencontrera que le mépris ; prières et reproches,
menaces et promesses, tendresses et colère, on emploie tous
les moyens pour l'ébranler. Il ne fléchit pas un instant. Une
seule chose l'arrête : il désirerait le consentement de l'archevêque, et l'archevêque a déclaré qu'il ne le donnerait jamais.
En vain il a frappé plusieurs fois à sa porte, elle est toujours
restée fermée, et il lui a fallu se retirer devant des refus
obstinés. Désolé, ne voyant plus de ressources qu'en Dieu, il
court à la cathédrale, il se jette à genoux sur ces dalles où il
a tant de fois prié et pleuré. Il y reste plusieurs heures, immo-
bile, versant des torrents de larmes et conjurant Dieu de ne
pas lui refuser la liberté du sacrifice. Il se relève ; il retourne
à l'archevêché ; cette fois, la porte s'ouvre, le prélat est vaincu,

le sacrifice est accepté... Hors de lui, il vole vers ses frères, il les réunit dans son oratoire, et, ne pouvant plus contenir une joie qui déborde, il entonne un *Te Deum* d'actions de grâces.

Entré dans cette voie héroïque, il ne recule plus. Il a renoncé aux honneurs, il veut renoncer à ses biens. Il est trop délicat pour humilier plus longtemps ses disciples par le contraste de sa richesse et de leur indigence, et il est décidé à ne porter au service des pauvres que les seules richesses d'un amour immense et d'un dévoûment sans bornes.

Il ne peut, pour se dépouiller de tout, choisir un moment plus propice. La famine alors désole Reims et les environs. Des troupes de mendiants arrivent de la campagne, sortent de tous les quartiers de la ville et en parcourent les rues. Il leur ouvre sa porte, il leur fait l'aumône du matin au soir, et il la leur fait si largement qu'un jour arrive où il n'a plus une obole pour continuer ses saintes prodigalités, et il reparaît au milieu de ses disciples avec la fierté délicate d'être aussi pauvre qu'eux. « Je n'ai plus rien, dit-il gaîment ; le pis qui puisse arriver, ce sera d'aller à notre tour demander l'aumône. Eh bien ! s'il le faut, nous le ferons. »

Il le fallut, et il le fit... Un jour, dans un voyage, il en fut réduit à solliciter la charité publique. Il frappa à bien des portes avant de l'émouvoir, mais enfin une pauvre femme eut pitié de ce mendiant qui paraissait plus misérable qu'elle-même, et elle lui donna un morceau de pain noir. Il se mit à genoux pour le manger. Jamais il n'avait été si heureux... Cette fois la nature était définitivement vaincue, et aucun enfant, quelque pauvre qu'il fût, ne pouvait, à l'avenir, rougir de son dénûment en paraissant devant lui.

Mais si son humilité triomphe, le monde, qu'il brave si fièrement, murmure et ne comprend rien à une pareille folie. Comment, lui prêtre, ensevelir sa vie avec de pauvres laïques ! lui, docteur, se faire maître d'école ! lui, fils de grande famille, riche prébendé, se dépouiller de tout et en être réduit à mendier son pain !... Évidemment la dévotion lui a tourné la tête. Aussi on ne garde plus de mesure : ce ne sont plus seulement des plaintes, des critiques, que provoque sa conduite, c'est la raillerie, c'est le dédain. Dès qu'il paraît dans les rues avec ce costume que le temps, que la vertu surtout a consacré, mais qui alors semble étrange, on le montre du doigt ; les enfants le poursuivent avec des cris, des pierres, de la boue, et la populace le salue de ses éclats de rire et de ses huées insolentes.

Il boit à longs traits l'humiliation, il s'en abreuve, si je puis ainsi dire ; et non content des humiliations que lui offrent les hommes, il en recherche lui-même d'autres avec une sorte d'avidité sacrée. Il partage déjà la société de ses frères : il veut partager leur nourriture. Au premier abord, toutes ses délicatesses aristocratiques se révoltent, la nature frémit, son cœur se soulève, et, pardonnez-moi ce détail, il vomit jusqu'au sang... Il lutte en vain pendant trois jours, mais il ne cédera pas. Il n'accordera à la nature rebelle aucun autre aliment, et il faudra bien que, pressée par la faim, encore une fois, elle s'avoue vaincue.

Avec un caractère de cette trempe, aucune austérité, mes Frères, ne peut plus vous étonner.

Sachant que rien de grand ne se fait ici-bas sans le sacrifice, qu'aucun édifice ne subsiste si on ne met sur ses assises, comme un ciment indestructible, des sueurs, des larmes et du sang, et que toutes les grâces, toutes les gloires du monde régénéré découlent d'une grande immolation, il est résolu à faire de sa vie un holocauste et de son corps une victime.

Il prend une ceinture de cuir garnie de pointes de fer et s'en presse les reins ; il couvre ses épaules d'un cilice ; il arme ses mains de fouets et déchire sans pitié sa chair. En vain ses disciples lui dérobent ses instruments de pénitence : il les retrouve ou il les remplace. « Si les murailles pouvaient parler, dit un de ses historiens, que ne diraient-elles pas des pieux excès dans lesquels le jetait l'ivresse du vin nouveau qu'il commençait à goûter? » Ce vin, c'était le vin de l'amour et du sacrifice ; il le boira toujours, et il ne reviendra jamais de cet enivrement-là. Chaque matin, il sort de sa cellule le corps ensanglanté, mais l'âme libre et joyeuse. Et, quand il y rentre le soir, après une journée de travail et de fatigue, c'est pour recommencer ses macérations. Il prend quelques heures de sommeil assis sur une chaise ou étendu sur le carreau ; le reste de la nuit se passe dans la pénitence ou dans de longues et ardentes contemplations.

Je me demande, mes Frères, si j'ai raison de vous dire ces choses ; mais oui : est-ce que l'Église met des voiles sur sa croix nue et sanglante ? Est-ce que le Crucifix ne présente pas perpétuellement au monde des pieds, des mains percés, un front meurtri et des plaies saignantes ? Il ne servirait à rien de farder nos saints ; il faut les présenter tels qu'ils sont avec leur héroïsme et leurs sublimes folies ; leur mâle vigueur ne peut d'ailleurs que faire rougir notre mollesse et raffermir notre courage.

Chers Frères, voilà votre berceau : il est, vous le voyez, plein de larmes et de sang. Voilà vos origines : une œuvre sublime, opportune, mais incomprise d'abord, contestée, comme toutes les œuvres de Dieu. La foi, l'amour le plus pur de l'humanité, le patriotisme le plus élevé, l'ont inspirée au Bienheureux. Il s'est, pour se rendre digne de l'accomplir, dépouillé de tout ; il s'est offert à Dieu les mains vides, le corps meurtri, le cœur plein d'un grand amour et prêt à tous les sacrifices. Il me reste à vous montrer comment, après l'avoir conçue, il la réalise ; comment il l'organise, la répand et la fonde définitivement.

Mais avant d'aborder cette seconde considération, permettez-moi de jeter un coup d'œil sur le siècle et sur le milieu où cette nouvelle œuvre surgit.

Nous sommes en 1686. Louis XIV est dans le plein rayonnement de sa gloire. Condé, Turenne, ont fait trembler l'Europe ; les victoires de Rocroi, de Fribourg, de Lens, de Nordlingen, du Saint-Gothard, de Sénef, pour ne nommer que les principales, ont jeté sur nos armes une gloire impérissable. Des artistes de génie semblent avoir retrouvé le ciseau et le pinceau de la Grèce pour embellir le Louvre et orner Versailles. Bossuet a fait entendre à la cour les accents les plus sublimes qu'eût fait entendre depuis des siècles l'éloquence chrétienne ; Fénelon a enchanté la France de sa langue harmonieuse ; Corneille a offert à son admiration des types d'héroïsme qui l'ont fait pleurer ; Racine a dit toutes les délicatesses, toutes les tendresses, et aussi tous les égarements du cœur dans des vers où revit le génie antique avec sa beauté sereine et mélodieuse ; Molière a peint les travers de la nature humaine avec une verve et une profondeur qu'aucun poète, avant lui, n'avait égalées ; les lettres, les arts, forment autour du front du grand roi une auréole resplendissante ; des tristesses pourront le voiler au soir de sa vie, comme des nuages obscurcissent parfois le soleil à son déclin ; il ne se couchera pas moins dans une gloire immortelle.

Et cependant, mes Frères, ce n'est pas ce côté du grand siècle qui m'émeut le plus.

En 1634, quatre ans avant la naissance de Louis XIV, un humble prêtre avait fondé l'Institut des Filles de la Charité. Cinquante ans plus tard, un autre prêtre, son frère par le cœur, fondait l'Institut des Frères des Écoles chrétiennes. Je ne crains pas de le dire : ils avaient fait l'un et l'autre une œuvre plus grande que toutes ces œuvres du génie que je rappelais tout à l'heure. Et quand, au milieu de ce peuple de statues, entre ces monuments consacrés par l'art, entre ces guerriers, ces orateurs, ces poètes, j'aperçois avec sa cornette blanche, avec son regard franc et pur, allant à sa mansarde ou à son hôpital, cette jeune fille qui unit à des tendresses virginales des dévoûments maternels ; quand j'aperçois dans sa petite salle d'école, sous son humble manteau, ce

jeune homme qui balbutie à l'enfant du peuple les premiers éléments des sciences humaines, et lui apprend à aimer son père et sa mère, son pays et son Dieu, ce n'est plus seulement de l'admiration que j'éprouve, c'est de l'attendrissement ; et, si je suis fier d'œuvres où rayonne dans toute sa beauté le génie de la France, je le suis plus encore d'œuvres où se déploie dans toute sa magnificence la charité de son grand cœur.

II

Concevoir une œuvre féconde qui devienne une des formes de la charité catholique, une des manifestations de la vie de l'Église, c'est quelque chose ; mais qu'il y a loin de ce rêve généreux à sa réalisation ! Pour qu'il ne s'évanouisse pas dans un enthousiasme passager, il faut lui donner, pour ainsi dire, un corps dans une institution ; cette institution, il faut en tracer les lignes, en fixer les règles ; il faut l'adapter aux besoins de la société, et non pas seulement à ses besoins éphémères, mais à ses besoins permanents ; il faut enfin l'animer, lui communiquer la vie, et une vie si puissante qu'elle résiste à toutes les attaques et se perpétue à travers les âges. Vous entrevoyez de suite, mes Frères, quelles qualités exceptionnelles sont nécessaires au fondateur : un sens profond pour discerner les vrais besoins de l'Église et y proportionner les secours ; un attrait surnaturel qui groupe autour de lui des coopérateurs ; une sympathie communicative qui lui permette de verser son âme dans leur âme et de les remplir de son esprit ; un courage indomptable qui ne se laisse arrêter par aucun obstacle ; enfin, et par-dessus tout, une union à Dieu, un abandon à sa providence, qui mêlent l'action divine et l'action humaine et les fassent converger harmonieusement au même but. Or, toutes ces qualités, le Bienheureux de la Salle les a — vous allez le voir — à un degré supérieur.

Le bon sens, il en a jusqu'au génie. Je ne prétends pas qu'il saisisse toute la portée de son œuvre, qu'il perce l'avenir, entrevoie l'avènement des classes populaires à la vie publique et les tragiques destinées qui les attendent ; non, son regard ne va pas si loin. Mais il faut, — autrement il resterait tranquille à sa stalle dans la cathédrale de Reims, — il faut qu'il rêve leur avènement à une instruction plus large, plus générale, à une moralité plus éclairée, à une vie chrétienne plus intense. Ne craignez pas pourtant qu'il se laisse égarer par de brillantes chimères et de généreuses utopies. L'enfant qu'il veut instruire et former, c'est l'enfant du peuple. Or, cet enfant qui sera l'ouvrier de demain, que le travail appellera dès la première aube, il n'a que faire de ces connaissances littéraires qui sont la brillante parure de l'esprit ; ce qu'il lui faut, à lui, c'est de n'être pas obligé, pour traiter ses affaires, pour épancher ses joies et ses peines, d'emprunter les yeux, la main d'un étranger, et de leur livrer les secrets de son âme ; c'est de pouvoir de temps en temps relever son front, déposer son outil, et, ne fût-ce qu'un instant le soir, ouvrir son âme aux délicates jouissances de l'esprit : c'est de savoir au moins ces trois choses élémentaires et pourtant sublimes : lire, écrire et compter. Par conséquent pas d'études savantes ; par conséquent l'étude de la langue maternelle avant toute autre étude ; par conséquent des méthodes simples et courtes, de petits livres où la science soit condensée, ou la vérité se rapetisse pour venir à l'enfant. Ces méthodes, le Bienheureux les trace ; ces livres, il les écrit. Et, en même temps qu'il donne à l'enseignement primaire une forme déterminée, il lui laisse une élasticité telle qu'il pourra se développer, s'agrandir, se prêter à tous les progrès. Force sera bien de le reconnaître quand, sans altérer sa sève primitive, on verra son Institut, comme un arbre vigoureux, pousser des branches dans tous les sens, ouvrir des orphelinats, des pensionnats, des écoles professionnelles, embrasser, dans la complexité d'un enseignement varié, toutes les formes, tous les degrés de l'instruction populaire, sans jamais dépasser la mesure que fixe le bon sens et sans jamais non plus se condamner à l'immobilité.

Si le Bienheureux s'en fût tenu là, c'eût été déjà une grande gloire pour lui d'avoir organisé l'enseignement populaire, d'avoir créé un type que l'Europe n'aura plus qu'à copier. Mais il a une ambition plus haute. Ce qu'il veut, ce n'est pas seulement l'enseignement populaire, c'est l'enseignement chrétien. Prêtre, il voit dans l'enfant autre chose qu'un être vulgaire destiné à remuer la terre, à travailler la matière et à disparaître dans une fosse ; il y voit un être divin, appelé à des destinées immortelles, et il croirait ne répondre à aucune des exigences de sa nature, il croirait abaisser lui-même sa mission, s'il ne lui apprenait que des lettres, des chiffres, quelques notions d'orthographe, quelques lambeaux d'histoire et de géographie. Instruire un enfant et ne lui rien dire de ses origines et de ses destinées ! l'instruire et laisser dans l'ombre les deux extrémités de sa vie ! ne faire descendre aucun rayon de lumière ni sur son berceau ni sur sa tombe ! former sa conscience, lui demander d'être obéissant, d'être doux, d'être pur, de réprimer ses passions, de faire déjà au devoir de douloureux sacrifices, et ne pas lui montrer au-dessus de sa tête un Dieu qui lui commande, un Dieu qui le regarde et qui s'apprête à le punir où à le récompenser ! ne pas lui faire lever les yeux vers ce modèle vivant et aimable de la vertu qu'il comprend si bien, vers ce Christ suspendu à la muraille qui semble présider à son travail et sourire à ses efforts ! mais il eût regardé cela comme une tâche impossible et indigne de lui. Il veut que la religion pénètre de son influence toute l'éducation. Il veut que le rayon divin pénètre librement dans l'humble salle d'école non seulement pour réchauffer et réjouir les dévoûments obscurs du maître, mais aussi pour provoquer le développement complet, harmonique et joyeux de toutes les facultés de l'enfant.

On peut sourire d'une pareille conception ; il n'en est pas moins vrai que nulle ne répond mieux à la nature de l'enfant, ne relève plus la mission de l'éducateur, n'assure davantage le bonheur des familles et ne prépare à la patrie de meilleurs citoyens.

Mais pour réaliser cette conception, il fallait des maîtres ; et ces maîtres, il fallait eux-mêmes les former.

Je ne m'attarderai pas, mes Frères, à vous montrer avec quelle patience, quelle douceur, quelle habileté, le Bienheureux enseigne à ses disciples l'art si sublime mais si délicat de l'éducation. Ce qu'il cherche à développer en eux, plus encore que la science, c'est l'esprit religieux, car il sait qu'un Institut n'est qu'un corps sans âme, tant que la ferveur, comme un sang généreux, n'en anime et n'en vivifie pas tous les membres.

Aussi, pour soustraire leur vie au caprice, il leur donne d'abord des règles. Il fonde ensuite un noviciat où, jeunes, ils pourront contempler longuement le sublime idéal de leur vocation, assouplir leur volonté dans l'obéissance, la fortifier par l'exercice de la vertu ; où, vieux et fatigués, ils pourront venir retremper leur âme et renouveler leur vie. Et quand enfin il les juge mûrs pour un dernier sacrifice, quand il les juge dignes de contracter avec Dieu et avec l'enfance une alliance indissoluble, il demande à quelques-uns d'abord, puis à tous, les grands vœux de la vie religieuse, les vœux de pauvreté, de chasteté et d'obéissance, et il les fait avec eux.

La voilà constituée, cette fois, cette légion de nouveaux apôtres dont il veut faire les auxiliaires du sacerdoce ! La voilà, cette nouvelle milice qui va combattre l'ignorance et le mal dans l'âme de l'enfant, veiller sur les sources de la vie et les garder pures ; à la fois religieuse et laïque, tenant le milieu entre le sacerdoce et la famille, et complétant cette Trinité sacrée de l'éducation : au foyer la mère, à l'église le prêtre, à l'école le frère, c'est-à-dire, sous trois formes et avec des nuances diverses, la vérité venant à l'âme de l'enfant par l'amour et par le dévoûment.

Comme il était heureux et fier, quand il entendit ses disciples faire leurs premiers serments ! Lui, le chef de cette milice sacrée, il sentait son cœur battre d'enthousiasme. Mais il fallait enflammer, soulever ses soldats ; il fallait faire passer en eux son âme héroïque, leur inspirer l'abnégation, le dévoûment, le courage ; il fallait allumer en eux un si grand amour qu'il répandît un charme austère sur le sacrifice lui-même.

Il leur avait sans doute déjà enseigné ces fortes vertus en se dépouillant devant eux de tous ses biens, de toutes ses dignités, en supportant en silence les railleries et les persécutions du monde ; mais on dirait que ces sacrifices passés n'ont été qu'un jeu pour lui, et que, devant sa nouvelle tâche, son âme rajeunit, son ardeur redouble et qu'il éprouve plus que jamais le besoin d'entraîner tout le monde après lui par ses paroles et par ses exemples.

Le premier à la prière, le plus ardent au travail, le plus patient dans l'épreuve, le plus mortifié dans tous ses sens, il est au milieu de ses frères comme un vivant modèle de toutes les vertus qu'il leur demande. Aussi ils le contemplent avec une sorte d'admiration et d'enthousiasme. Comment regretter leurs privations, comment rougir de leur pauvreté, quand ils le voient, lui, le riche bénéficier d'autrefois, avec de gros souliers garnis de clous aux pieds, avec une soutane rapiécée et avec des habits si usés que les pauvres eux-mêmes n'en veulent pas ? Comment ne pas garder avec un soin jaloux dans leur cœur toutes les délicatesses d'un chaste amour, quand ils sont les témoins de sa modestie angélique et des sanglantes macérations qu'il inflige à sa chair ? Comment ne pas obéir joyeusement quand ils le voient s'humilier, à chaque instant, devant ses inférieurs eux-mêmes, demander avec larmes d'échanger la première place contre la dernière, la prendre en effet, se mettre au réfectoire derrière les garçons d'écurie, laver la vaisselle, balayer sa chambre et ne se laisser arrêter dans cette voie de l'humiliation volontaire que par le devoir ou la dignité ? Comment ne feraient-ils pas de grand cœur leur petite classe, quand ils le voient, lui, l'ancien docteur des universités, prendre la place des frères malades et s'enfermer comme eux tout le jour avec de petits enfants ? Comment ne seraient-ils pas embrasés de toutes les ardeurs de la charité, quand ils l'entendent parler en termes enflammés de l'amour de Dieu, quand ils le voient descendre de l'autel, littéralement hors de lui, enivré, obligé de s'asseoir quelquefois pendant un quart d'heure, avant de pouvoir répondre aux questions qu'on lui pose et quitter les vêtements sacerdotaux ?...

Aussi, une noble émulation s'est emparée d'eux. Aucune privation, aucune fatigue, aucune injure, aucun sacrifice, n'effraient leur courage... Ils manquent de pain parfois ; ils vont au réfectoire dire le *benedicite* devant des tables vides : qu'importe ? Leur âme vit, et Dieu est content... Les enfants sont indisciplinés, les parents sont aveugles et injustes : qu'importe ? Ils se dévoueront davantage et ils vaincront toutes les résistances et toutes les préventions, à force d'amour... Ils entendent encore parfois des sifflets et des railleries dans les rues : qu'importe ? Est-ce que leur père ne partage pas leurs affronts ? Est-ce que Jésus-Christ n'est pas monté au Calvaire au milieu des clameurs de la foule, est-ce qu'il n'est pas mort au bruit des cris de haine et des blasphèmes ?...

A cette pensée d'ardents désirs d'immolation leur montent au cœur. Non seulement ils vont à leur petite salle obscure, au travail ingrat, aux affronts de la rue, avec un cœur vaillant et joyeux, mais ils courent aux haires, aux disciplines, aux cilices, aux chaînes de fer. Le Bienheureux est obligé de contenir leurs ardeurs pénitentes, mais il excite de tels regrets et de si saints désespoirs, qu'il lui faut bien parfois céder. Il y eut de pieux excès peut-être (1) : comment les leur eût-il reprochés ? Il était le plus coupable.

(1) Épuisés par leurs fatigues et leurs austérités, plusieurs Frères moururent jeunes. On demanda au Bienheureux de les envoyer à leur pays natal : « Le pays natal des Frères, répondit-il, c'est le Paradis. » Ils allèrent en respirer l'air.

Et ce ne sont pas seulement des novices, c'est-à-dire des âmes en qui les lassitudes de la vie et l'air glacé du monde n'ont pas encore refroidi la flamme du premier enthousiasme qui donnent de tels exemples ; ce sont des frères déjà fatigués et vieillis ; ils viennent chaque semaine des divers quartiers de Paris, ils viennent tous les ans de Reims et des autres villes, au noviciat de Vaugirard. Ils partent, hiver comme été, à pieds, dans la boue, dans la neige, sous la pluie, sous le soleil ; ils arrivent trempés de sueur, mouillés, gelés ; ils ne trouvent pas de chaises pour s'asseoir ; les cellules sont trop étroites pour les contenir ; il faut refluer au grenier ; il faut coucher sur des paillasses jetées à terre. Ils y couchent, ils sourient doucement à toutes les privations. Ils sont si heureux de revoir leur père, de retrouver leurs jeunes frères, de mêler, pendant quelques jours, leurs prières et leurs pénitences !... Et ils repartent renouvelés, rajeunis, pleins de courage et de joie.

O débuts héroïques ! Heure joyeuse et matinale ! Quels élans, quelles ardeurs, quels beaux enthousiasmes vous avez vus ! Le sacrifice alors était doux ; l'amour jetait un voile parfumé sur la croix elle-même. Aussi, à deux siècles de distance, vous remuez encore notre âme de votre charme impérissable, et vous l'enchantez de la divine magie de vos souvenirs.

Voilà comment le saint Fondateur formait ses religieux. Quand on a sous la main de telles âmes, il n'y a plus qu'à les lancer à travers le monde et qu'à communiquer à son œuvre ce mouvement d'expansion qui est le mouvement propre de toute œuvre catholique.

C'est ce que fait le Bienheureux.

Il sort de Reims, malgré tous les efforts qu'on fait pour l'y retenir. Il fonde des écoles à Rethel, à Rouen, à Paris, à Calais, à Chartres, à Troyes, à Mende, à Avignon, à Marseille, à Grenoble ; mais au prix de quelles difficultés et de quelles souffrances ! Tous les sacrifices des débuts ne sont rien près de ceux qui s'offrent à lui chaque jour. Il lui faut lutter contre la pauvreté, contre l'injustice, contre la persécution, contre l'hérésie, contre toutes les passions conjurées.

On lui promet, pour ses Frères, des pensions modestes toujours, souvent insuffisantes, — il ne marchande jamais le dévoûment de ses enfants ; — pour le moindre prétexte on les lui refuse, on les réduit, on en diffère le paiement ; et cependant tout lui manque : le linge, le mobilier, le pain.

Sort-il de cette première épreuve, c'est pour en rencontrer d'autres ; c'est pour rencontrer l'injustice criante, éhontée ; c'est pour voir fouler aux pieds les droits les plus clairs et les plus sacrés ; on annule des donations, on attaque des legs qui lui ont été faits ; on lui intente des procès ; il les perd toujours : on a pu dire agréablement qu'il n'avait gagné que le procès de sa Béatification.

Arraché aux mains d'héritiers avides, il tombe entre celles des maîtres d'école et des maîtres écrivains. Pauvres hères, pour la plupart, qui vivent péniblement de leur métier, ils s'alarment en voyant ce nouveau venu ouvrir des écoles et attirer l'attention. Ils craignent de voir diminuer leur maigre salaire. Ils ne songent pas que ses écoles sont des écoles gratuites, qu'il ne les ouvre qu'aux enfants pauvres, qu'il ne fait, par conséquent, qu'alléger leurs charges sans diminuer leurs profits. L'intérêt, surtout quand l'envie s'y mêle, — et la leur est éveillée par le succès des Frères, — l'intérêt les rend aveugles. Ils l'accusent de léser leurs droits, font fermer ses écoles, réclament de fortes amendes. Et, comme il ne peut les payer aussi vite qu'ils le voudraient, leur fureur éclate. Ils ameutent, un jour, la populace, arrachent les inscriptions de l'une des écoles de Paris, enfoncent les portes, enlèvent les bancs, les livres, et laissent une maison vide ou jonchée de débris.

Encore, si le Bienheureux n'avait à se défendre que des attaques de corporations jalouses ! mais il a à se défendre et à défendre son œuvre, tantôt des séductions, tantôt des violences de l'hérésie. L'Église de France, alors, traverse une crise. D'audacieux sectaires répandent par la parole ou par la plume les erreurs de Jansénius et cherchent, par de subtiles distinctions, à se dérober aux anathèmes du Souverain-Pontife. Ah ! s'il eût consenti à couvrir leurs révoltes du prestige de son nom et de sa sainteté, s'il eût consenti à leur donner des apôtres dans ses enfants, il eût entendu glorifier son œuvre et acclamer son nom ; il eût vu s'ouvrir les bourses et se multiplier les maisons ; mais il a l'âme trop généreuse pour accepter cette froide doctrine qui fait de Dieu un tyran, qui opprime la liberté, qui rétrécit la piété, qui décourage l'effort et glace l'amour. Aussi il repousse toutes les avances ; il fait, durant quarante années, une garde vigilante autour de son Institut ; et s'il perd la faveur, s'il voit se tarir la source des aumônes, il conserve, du moins, toute la virginité de sa foi et, pour le Vicaire du Christ, toutes les délicatesses du plus filial amour.

On ne le lui pardonne pas. Ne pouvant atteindre sa foi, on attaque sa réputation ; on répand contre lui des libelles diffamatoires; on obtient de juges surpris ou complices des sentences flétrissantes ; on le représente partout comme un pieux extravagant dont une dévotion mal entendue a troublé la tête, comme un esprit étroit, incapable de gouverner un Institut, comme un ambitieux qui couvre du voile d'une humilité hypocrite son orgueilleuse opiniâtreté.

Est-ce tout, mes Frères ? Sommes-nous au bout de la voie douloureuse que dut parcourir cet homme héroïque ? Non, pas encore. Je n'ai dit que les souffrances qui l'atteignirent directement lui-même. Celles-là, à vrai dire, il s'en souciait peu. Il en connut d'autres plus poignantes, plus amères.

Cette œuvre pour laquelle il a tout quitté, à laquelle il a tout sacrifié, pour laquelle il a bravé toutes les risées et toutes les colères, il la voit attaquée dans ses règles, dans son esprit, dans sa vie intime ; et non pas seulement par des hérétiques, mais encore par de prétendus hommes de bien, par des esprits chagrins et jaloux, qui n'ont pas ses lumières et dont la suffisance est d'autant plus grande que leurs vues sont plus courtes. Ils veulent qu'il change l'habit de ses Frères : il est ridicule ; qu'il adoucisse les règles : elles sont trop sévères. Alors cet homme si doux, si patient, sentant qu'on touche à ce qui fait l'âme même de son œuvre, se redresse comme une mère devant la bête fauve qui menacerait son enfant ; il oppose des résistances invincibles ; il a sur les lèvres de telles protestations et de tels refus, qu'il faut bien renoncer à l'attaquer de front.

Ses ennemis, alors, changent de tactique. Ils cherchent à lui enlever le cœur de ses enfants. Ils flattent l'orgueil des uns, ils excitent la cupidité des autres ; ils exploitent des ambitions froissées, des amours-propres aigris, et le saint fondateur voit des jeunes gens qu'il aime quitter le noviciat ; il voit tomber des Frères qu'il regardait comme les colonnes de son Institut, et afin qu'aucun trait de ressemblance avec son divin maître ne lui manque, il rencontre, lui aussi, un Judas.

Ah ! qu'alors il était beau à voir ! il ne rougissait pas de se mettre à genoux devant ces égarés ; il les conjurait à mains jointes de ne pas trahir leurs serments et leur Dieu, et il tirait de son cœur des cris si éplorés, qu'il finissait presque toujours par les attendrir et les sauver.

Mais il a beau faire : à forces d'intrigues et d'artifices, ses ennemis parviennent à pénétrer dans sa maison.

Un jour vient où il ne peut plus y tenir. Un jour vient où ce vénérable vieillard est obligé de fuir et d'aller cacher sa douleur et sa honte au fond de la France.

Ses ennemis triomphent cette fois. Ils sont enfin débarrassés de lui. Ils vont enfin pouvoir refaire son œuvre à leur guise. Ils vont modifier ses constitutions, fractionner son Institut en maisons indépendantes, et, à la place d'un supérieur unique, nommer des supérieurs locaux, ce qui leur permettra à eux-mêmes de saisir l'autorité.

Tout semble désespéré. Son honneur est atteint ; ses enfants sont découragés ; son Institut est aux mains de ses persécuteurs. Il n'a plus, ce semble, qu'à s'ensevelir sous les débris.

Non, mes Frères ; il reparaît ; il conjure encore une fois la ruine, mais c'est pour aller à de nouveaux affronts et à de nouvelles douleurs. La persécution le poursuivra jusque sur son lit d'agonie, et elle empoisonnera sa dernière heure par une suprême ignominie.

On frémit, mes Frères, en entendant de telles choses, et je ne dis pas tout. On se demande comment à la fin ses épaules n'ont pas fléchi, comment sa constance ne s'est pas lassée. Eh bien ! non. Il traverse ces épreuves non seulement avec un indomptable courage, mais avec une inaltérable sérénité. On dirait une de ces hautes montagnes dont les flancs sont enveloppés par l'orage, frappés par la foudre, et dont les cimes sont éclairées par le soleil.

D'où lui venait cette égalité d'âme qui, dit le Souverain-Pontife dans la bulle de Béatification, fut sa gloire singulière et, plus qu'aucune autre vertu, jeta en lui un merveilleux éclat ? Elle venait, mes Frères, d'une confiance en Dieu dont aucun saint peut-être n'a donné de si extraordinaires exemples.

Aveugles que nous sommes, nous ne voyons souvent dans la nature que le jeu de forces aveugles et fatales et dans l'histoire que l'évolution obscure ou glorieuse de l'activité libre, et nous ne songeons pas que derrière le voile du monde il y a un agent invisible qui règle, qui coordonne tous les mouvements, qui dirige sans la violenter la liberté elle-même, et fait servir les éléments comme les hommes à l'exécution de ses desseins éternels.

Les saints avaient ces vues profondes. Aussi, après avoir

donné à une œuvre leur temps, leurs sueurs, leurs efforts, leur sang, ils se mettaient à genoux et confiaient l'avenir à Dieu.

Ainsi faisait le Bienheureux de la Salle. Nul ne déployait plus d'activité que lui, nul ne se donnait plus complètement à son œuvre ; puis, quand il avait travaillé, lutté, souffert, il priait et il espérait. Il allait par les couloirs de sa maison, par les rues de Paris, par les grandes routes, égrenant son chapelet, demandant à Dieu l'argent, les hommes, qui lui étaient nécessaires, le priant de conjurer les périls et de sauver son œuvre. Les entreprises étaient-elles plus importantes, les difficultés plus grandes, la persécution plus ardente, il restait des journées entières aux pieds de son crucifix, il passait la nuit devant le tabernacle ; ou, s'il le pouvait, il fuyait dans la solitude ; il s'enfermait à Saint-Yon ; il gravissait les rocs escarpés, les montagnes blanches de neige de la Grande Chartreuse, il s'enfonçait dans l'ermitage de Parménie ; et là, seul ou avec des âmes enflammées des mêmes ardeurs que la sienne, le jour, la nuit, il faisait monter vers Dieu d'ardentes supplications. Et il sortait de ce commerce avec Dieu, transfiguré, ne redoutant ni les railleries ni les persécutions des hommes, avec une hardiesse qui bravait tous les obstacles, une constance que ne décourageait aucun insuccès, une confiance dans le résultat final qu'aucune apparence contraire ne pouvait ébranler. Et Dieu ne trompait jamais l'attente de son serviteur. Par des combinaisons inattendues, par ce jeu mystérieux des évènements dont lui seul a le secret, il réalisait ses espérances, et, si je l'ose dire, à certain jours, il justifiait ses témérités. Aussi, de son vivant même, à travers la misère, les famines, les persécutions, son Institut grandit, s'étend, couvre la France ; et quand il meurt, il laisse trois cents frères, dix mille élèves et vingt-trois maisons.

Et faut-il vous peindre le spectacle qui, au milieu de ses angoisses sans cesse renaissantes, repose son âme et réjouit ses regards? Ces enfants indisciplinés, flétris par une corruption précoce, qui se transforment peu à peu sous sa douce et forte influence, édifient par leur silence et par leur piété ces fidèles et ces prêtres qu'ils ont autrefois troublés par leur turbulence et attristés par leurs désordres ; qui rentrent le soir au foyer, le front rayonnant des ardeurs d'une noble émulation, de la fierté des premières victoires remportées à l'école ou au catéchisme et surtout du charme indéfinissable de la vertu !

Ravissant spectacle : il émerveillait nos pères, et, depuis deux siècles, il n'a pas cessé. Vous l'avez vous-mêmes, mes Frères, sous les yeux, dans ces aimables enfants qui sont la postérité de Jean-Baptiste de la Salle et qui rajeunissent parmi nous sa gloire. Depuis trois jours ils chantent leur bienfaiteur. Près de 400,000 enfants le chantent avec eux, et leurs voix fraîches et pures qui s'élèvent non seulement de tous les points de l'Europe, mais de l'Inde, de la Chine, des deux Amériques, d'Alger, de Madagascar, d'Alexandrie, du Caire, de toutes les îles de l'Océan, forment un des plus beaux concerts qui soient jamais montés de la terre vers le ciel pour glorifier un homme.

Et, à côté de ces enfants, j'aperçois douze mille maîtres, non pas vieillis, dégénérés, comme leurs ennemis le prétendent, mais jeunes, ardents, généreux, plus dignes que jamais, par leur science et par leur dévoûment, de former les enfants du peuple. Chaque année, ils les mènent, dans nos concours, à des luttes fraternelles et à de pacifiques triomphes. Et quand il leur a fallu se mêler eux-mêmes à d'autres luttes, quand la patrie en deuil a poussé un cri de détresse et appelé à elle tous ses enfants, on les a vus sortir de leurs écoles, aller, au milieu du sifflement des balles et des éclats de la mitraille, ramasser nos blessés sur les champs de bataille, mêler leur sang au sang de nos soldats, provoquer l'admiration de nos vieux généraux par l'intrépidité de leur courage, et consoler la défaite elle-même par l'héroïsme de leur charité. Ce jour-là, chers Frères, la France vous a reconnus pour ses enfants, et par les mains de l'Académie Française elle a posé sur vos fronts une couronne plus belle que celle de la science, la couronne du dévoûment patriotique et chrétien (1). Continuez à les porter toutes deux. Continuez à préparer à notre grande et infortunée patrie des générations dignes d'elle, éclairées, laborieuses, vaillantes, prêtes à la servir et, le jour venu, à la venger. Pour cela, enseignez-leur, non pas des doctrines inconsistantes et une morale vulgaire qui ne peuvent inspirer les grands sacrifices, mais ces sublimes doctrines, mais cette généreuse morale de l'Évangile, qui seules peuvent faire des peuples forts, qui ont fait la France, et que la France par conséquent ne pourrait désapprendre sans se renier elle-même.

Et vous, ô Bienheureux, du sein de cette gloire où vous nous apparaissez aujourd'hui, veillez sur ces enfants, sur ce peuple français que vous avez tant aimés. C'est au moment où les questions de l'éducation de l'enfance et de l'avenir des classes ouvrières soulèvent des luttes ardentes et passionnent tous les esprits, que l'Église vous dresse des autels. Elle veut sans doute que votre sainte image flotte devant nos yeux pour nous rappeler sans cesse les nobles causes que vous avez aimées et servies. Servez-les toujours du haut du ciel ; et, pour que nous soyons dignes d'en devenir, à notre tour, les champions, donnez-nous des âmes semblables à la vôtre : actives, généreuses, pleines de confiance en Dieu, prêtes à tous les sacrifices, aimant, comme vous, d'un invincible amour, l'enfance, le peuple et Jésus-Christ.

Ainsi-soit-il.

---

(1) Après la guerre de 1870, la ville de Boston pria l'Académie d'offrir, en son nom, un prix aux Français qui avaient donné le plus bel exemple de patriotisme. L'Académie l'offrit aux Frères des Écoles chrétiennes.

Imp. Georges Jacob, — Orléans.